COMPRENSIÓN DIVINA

COMPRENSIÓN DIVINA

Por Ladaro Pennix

Publicado por

LIBROS EXPRESO DE MEDIANOCHE

CONPREHENSION DIVINA

Publicado por
LIBROS EXPRESO DE MEDIANOCHE
POBox 69
Berryville AR 72616
(870) 210-3772
MEBooks1@yahoo.com

COMPRENSIÓN DIVINA

Por Ladaro Pennix

Duda

La duda es derrotar a sí mismo,
usted nunca debe aceptar una derrota.

Nunca dar a tus dudas.

Es un manipulador de mente que engaña creyendo que no puedes hacer algo antes de siquiera intentarlo.

Duda prepara para fracasar mientras acepta que la duda significa que ha elegido a fallar.

Tener confianza en todo lo que haces. Incluso si el resultado es indeterminado ir todos para vivir sólo una vez.

Vivo en confianza
Así que duda nunca declara victoria sobre mí.

Ladaro Pennix

En paz

*Sólo porque las aguas son tranquilas no significa que estás en paz.
Sólo significa que nada ha sucedido todavía
para poner a prueba tu paz.*

¿Cómo sabes que eres lo suficientemente fuerte para estar en paz incluso cuando ocurre algo inesperado? Conocimiento verdadero de la paz se alcanza cuando las tribulaciones de golpes de la vida que cuadrado entre los ojos y te enfrentan sin falta un paso. El cuerpo de paz proviene de la aceptación de experiencias de la vida y el rechazo del ego definir esas experiencias. Esta es la forma que moldear tu calma en ser. Decir que estás en paz no cuenta. Es vivir en tu propia calma que habla las mayoría de los volúmenes.

Mis aguas mantengan los calmas aun cuando perturbado.

Ladaro Pennix

Mis actos

Mis actos espejo de mi interior.

Usted es un reflejo de lo que haces. Si eres positivo, harás cosas positivas.

Si es negativa, usted mismo adjuntará al caos y la miseria que se manifiesta. Nuestras acciones decir el núcleo de nosotros. Aunque nuestra boca puede mentir, no nuestras acciones. Es a través de nuestras acciones que amplifican la naturaleza de nuestro fuero interno... Si la gente dice que es escandaloso es porque sus acciones están mostrando estos rasgos. Si dicen que eres una buena persona, es porque su trabajo en la vida es pura y está reflejando la mejor parte de ti, tu bondad. ¿Cómo ve el mundo dicta. No se hace.

Lo que da es lo que las personas recibirán
Si eres bueno o si eres feo.

Ladaro Pennix

Mis errores

Yo soy una montaña de bueno y sólo un guijarro de errores.

Nunca permita que sus errores definir la totalidad de quien eres. Así que muchos olvidan todo lo bueno que han contribuido al mundo antes de tropezar con sus propios pies y tropiezos.

Nunca deje que el tropiezo determinar los valores de sus vidas. Un tropiezo es sólo eso, un tropiezo.

Cae en el proceso, desempolva tus rodillas y volver a subir. Hay más bien que hacer en su nombre.

Dejé mis errores de ayer
para progresar en el bien de hoy.

Ladaro Pennix

La prueba

Ponme a prueba y yo viviré mi potencial.

Todos los test no está diseñadas para destruirte, sino para permitir su potencial para florecer.

¿Cómo sabes que eres fuerte si nunca han sido probados? Estamos en nuestro mejor cuando se presenta la temporada de prueba. Cada prueba es un momento decisivo que establece el plan de acción que sea o no somos merecedores a la audacia de nuestra capacidad de superar nuestros límites de expectativa. Esto te dirá si estás listo para proceder en la vida y a la próxima prueba.

Para probarme es conocerme mejor.

Ladaro Pennix

Mi presencia

No debería estar aquí, pero estoy aquí.

El mundo es duro e implacable. A veces, nos lleva a un punto del extremo del ingenio donde no tenemos que ser. Esos son los momentos cuando debemos seguir y se niegan a ceder a la corriente de las circunstancias que han bombardeado nuestro pedazo de la mente con el absurdo de un mundo de locura enloquecido. Aunque estamos por encima de la influencia de la negativa, que sólo son seres humanos y deben darse cuenta de aunque este mundo es duro y no en nuestro nivel de madurez, tenemos que hacer y enseñar al mundo cómo ser un mejor lugar.

Quien está tan loco como para creer
se puede cambiar el mundo, generalmente son los que
hacen.

Ladaro Pennix

Su creencia

Imponer su creencia en uno mismo no a los demás
Así no te conviertes en un repelente a algo
diseñado para cambiar la vida para mejor.

Gente para haber Cómo extender el beneficio de su conocimiento; y así, cuando ofrecen un tejido de su visión se convierte en una diatriba intrusivo que cae en oídos sordos. Sus creencias son exactamente que (sus) creencias, así que a asumir que todo el mundo debería adoptar tal creencia es un concepto ingenuo que sólo los matones adoptan. Si usted desea alguien que sea receptivo a algo que es bueno, es mejor vivir la creencia, así puede sentar precedente e inspirarlos a aspirar a seguir sus pasos.

Sirva la motivación de mi caminata en vida
para cambiar vidas para bien y no mi fanático rienda.

Ladaro Pennix

Sabes Alls

Hay un refrán único acto de tontos como lo saben todos, mientras que el real cuenta alls, actúa como son los tontos.

No sabe nada pero la mentalidad estrecha en la que está sobre un hombre que está parado en la presunción de ser un "sabelotodo". Para ser un sabelotodo es rechazar todo, para luego cerrar tu mente a cualquier cosa fuera de la pendiente de que sabes. Eso te hace el tonto... Los que lo hacen en realidad sabelotodo son los que retratan el papel de la ingenuidad, permitiendo que la clase de su condición de ser la de un estudiante de la vida como la vida se convierte en su profesor. Necesitan no el galardón del título de ser un sabelotodo, porque saben que no hay que nada para el aprendizaje es un proceso infinito que supera todos los tiempos de vida.

Debo aprender todo sobre nada
con el fin de obtener el conocimiento acerca de algo.

Ladaro Pennix

Oportunidades

Las oportunidades son las bendiciones para la toma...
aprovecharlas.

No hay ninguna oportunidad que viene por casualidad. Oportunidades de pasan porque te sientes atraído bendición de una forma u otra. Para negar las oportunidades es negar su bendición. Y cuando se les niega sus bendiciones, pasan a la próxima alma merecen que apreciará lo que no podías. Cada oportunidad es una bendición que usted debe de embrague con ambas manos porque puede que no tengas una segunda oportunidad para arrestar a un momento de acontecimientos favorables.

En presencia de oportunidad,
Yo no os abandonaré lo que legítimamente es mío.

Ladaro Pennix

Tu Ego

El ego es un fenómeno fascinante.
Podría hacer grandes o ser tu perdición
dependiendo de la potencia le das.

Cuando dejas tu ego ser superior sobre el sentido común se encontrará en muchas conclusiones temerarias. El ego es una entidad testaruda que necesita su equilibrio con el fin de desempeñar un papel significativo en su vida que complementa su potencial. Cuando rechaza el equilibrio del ego, causas a inclinarse demasiado lejos en la dirección de la extrema no dejando cuerpo neutral de pensamiento para racionalizar o crear un juicio razonable. Esto crea una espiral descendente hacia un abismo de sin respiro. Pero dando ego un equilibrio le permite enriquecer los ingredientes de su aptitud inherente estableciendo la unidad que necesita alcanzar un sinfín de posibilidades en su búsqueda de éxito. Por esta razón el poder darle ego es el poder que se manifestará. Así que ser inteligente de la energía que dar.

Mantengo mi ego en un estado de equilibrio
Así no al lado de sí mismo.

Ladaro Pennix

Un hombre sabio

*Un hombre sabio nunca deja de aprender
porque sabe que la sabiduría es infinita.*

No existe tal cosa como la sabiduría, conocimiento o experiencia teniendo un destino. Todos son ilimitado continuum que serán anulada de una estación terminal. Es aquel que habitan en esa realidad que conoce la sabiduría de la vida continúe más allá del estudio de los libros de texto, y que usted mismo se limita a un género de aprendizaje y declarar que eres superior en sabiduría sólo muestra es inferior a la realidad que lo que sabe aún tiene que evolucionar. En esencia, no sabes nada en absoluto. Por esta razón el aprendizaje nunca se detiene porque cada día es un nuevo día para aprender algo nuevo que y crees que ya lo sabes.

*Como un niño, voy a mirar a cada nuevo día como una
experiencia de aprendizaje
de seguir mi progreso en sabiduría.*

Ladaro Pennix

Mujeres

Sobre el pecho de la mujer se encuentra consuelo para el hombre descansar sus cabeza en épocas cuando la vida es demasiado pesada para soporta solo.

Todas las mujeres del mundo poseen una fuerza innata tan extraordinario que tiene la capacidad de nutrir o levante e inspirar hasta los más fuertes del hombre. Sin las mujeres, ¿quiénes somos? Recipientes vacíos con demasiada testosterona condenados a la autodestrucción. No podemos hacerlo todo por nosotros mismos. Allí son tiempos cuando tenemos el don de una mujer que nos bendiga con su presencia para que puedan traer la calma y rejuvenecer nuestros propio pierde el sentido común y lapso de tenacidad de cuando el mundo mastica arriba y escupe nos retrotrae desgastado y roto. .Las mujeres son verdaderamente el mejor regalo para hombre complementar nuestra fuerza y nos dará el impulso para estar en nuestro mejor.

Nunca estoy débil porque tengo una mujer para mantenerme siempre fuerte.

Ladaro Pennix

Insultos

Quienes insultarte carecen de la integridad de ser un constructor y generalmente se sienten intimidados por su éxito. Que se insulte y usar sus celos como un propulsor para usted ganar un impulso aún mayor de éxito.

Jim Brown dijo, "todos los críticos y detractores de alimento, tome en sus críticas y el odio, digerirlo y convertirlo en el combustible que motivan mi determinación para alcanzar el éxito." Uno debe reconocer insultos para lo que son; combustible para inspirar! No permita que los insultos de los celos y débil para intimidar o alterar su mayor propósito en la vida. Mayoría de las personas que insultan, lo hacen porque tienen celos de ti y se sienten frustrada a sí mismos en cuanto a por qué son incapaces de alcanzar tales proezas de logro como tienes. Cuanto más se odian, más debería sonreír porque sus insultos te dice que estás haciendo algo bien... teniendo éxito en áreas donde pueden.

No me preocuparé por insultos,
Sólo impulsado por mi voluntad para tener éxito.

Ladaro Pennix

Amor

Someten a nada en la vida sino el amor. El amor es Dios, respeto, romance y felices para siempre después de clases todo enrollado en uno.

No hay nada en la vida más digno de presentar para que el amor. El amor es inspiradora. Es un regalo más allá de las estrellas que tiene la capacidad de combate de rodillas cuando menos te lo esperas. El amor es Dios en el sentido que es universal inigualable por cualquier fuerza conocida por la humanidad. El amor es respeto para sin el amor no tiene ninguna raíz. El amor es romance, un sentimiento nostálgico de cortejo que deja el corazón suspendido en un estado de nirvana. El amor es feliz everafters que encapsula todas las bellezas y maravillas que conlleva el amor. El amor tiene poder y tener que poder es ser en el amor, amor es realmente la fuerza a tener en cuenta.

Te amaré así atrás me amará.

No regalar su energía a los traficantes caos del mundo que se aprovechan de sus defectos para su propia diversión. Proteger a toda costa para que permanezcan constantes en su prosperar hacia su visión de extraordinario.

Ladaro Pennix

Jeckles

Leer entre líneas cuando se trata con jeckles;
sus acciones hablan más verdad que sus palabras.

Cuando se trata con la jeckles del mundo, la manera más sencilla de eliminarlo es por ver si sus acciones coinciden con lo que dicen. Jeckles mayoría dicen una cosa y luego a tus espaldas y otra. Son imps astutos con una cara gruesa y un corazón negro. Son los Judas del mundo que son miserables y buscan tanto la compañía como pueden crear porque se niegan a ser miserable por sí mismos. Como engañadores y promueven el caos, son adictos a los dramas de los escándalos de la vida y suelen ser el elemento clave en el chisme malicioso y la calumnia. Ser observador y leer entre las líneas de los jeckles que vienen a tu manera.

Si veo la verdad, yo sé la verdad.
Esta verdad me permite ver
a través de la jeckles mentiras y engaños.

Ladaro Pennix

Su auto fenomenal

No regalar su energía a los traficantes caos del mundo que se aprovechan de sus defectos para su propia diversión. Proteger a toda costa para que permanezcan constantes en su
prosperar hacia su visión de extraordinario.

Yo sé su fenomenal. No lo haga un secreto de sí mismo. Cuando sabes que eres fenomenal, puede salir al mundo y hacer cosas fenomenales. Cuando sabes su fenomenal del uno mismo, entonces debes saber que para asegurar su fenomenal del uno mismo con el Reino de su extraordinario, usted debe negar a la promueven el caos una apertura que son incapaces de convertir tu felicidad interna en una tergiversación corrupta de los enfermos-percepción de sí mismo y del mundo. No le a promueven el caos de una casa dentro de tu mente. Como una enfermedad infecciosa se extensión sus tóxicos y usted encontrará una ruina emocional de la montaña rusa emocional que te pasaron.

Estoy fenomenal que me hace extraordinario.
Nada puede cambiar eso.

Ladaro Pennix

Su lucha

*Eres increíble, incluso cuando usted está en su peor que es
cuando su tenacidad verdad brilla como superar eso
que fue pensado para que usted pueda fallar.*

Cuando lucha sucede, te levantas a la ocasión. Aparecen incluso cuando estás asustado o incierto del resultado. Permaneces en el momento sin importar cómo derrotado podría sentir. Justo cuando están al borde de la última tendrás que para empujar en lo todavía dar todo lo que tienes. En última instancia, se superó lo que estaba destinada a fracasar. ¿No sabes que eres increíble? Lucha está diseñado para crear una mentalidad derrotista. Para crear la mancha de la duda del uno mismo, pero cuando expurgar la noción de ser indigno de triunfar sobre la lucha para ser campeón y victor en te encuentras que intentó manipular para creer que no podía ganar. Es por ello que son asombrosos!

*Con cada lucha, me sorprendo a mí mismo
Cómo increíblemente difícil que realmente soy.*

Ladaro Pennix

La tormenta su propósito

Todo el mundo tiene un propósito incluso si todavía no lo saben.
Ese propósito está ahí. Es cuando perdemos perspectiva de sí mismo que perdemos nuestro propósito derecho y corromper nuestro propio destino increíble.

¿Cuál es su propósito? Su propósito es conocer su potencial. Todos tenemos un propósito en la vida no importa cuán grande o pequeño existe ese propósito. Nuestra falta de adquisición sólo es frecuente cuando negamos la importancia de su significado. Para negar un elemento tan importante de nuestras vidas va a ignorar la importancia de uno mismo para sin un propósito ¿por qué vivir? Sin el abrazo de nuestro propósito, podemos enterrar nuestro derecho y convertirse en vasos de zombies (muertos vivientes) que están desperdiciando su vida a pie en dirección a ninguna parte... .nuestro destino es clara cuando se valida nuestro propósito. No corromper su destino al ignorar lo que le da a tu vida la sustancia más.

Mi propósito es clara y con ambas manos el embrague y dar relevancia.

Cada tormenta tiene un principio y un final. Aprender de ella para que posees el know-how para conquistar las tormentas futuras.

Lo que tienes en la vida Asegúrese de que usted aprovecha la oportunidad para aprender de ella. La historia tiene una forma de repetirse, y cuanto más aprendes de luchas pasadas es más fácil para el triunfo de las luchas presentes y futuras. Las tormentas serán tormentas. Son significados para complicar las cosas en tu vida. Con el know-how para enfrentarlos sin importar cómo desafiar el clima podría ser, usted conseguirá a través de él sin esfuerzo. Por justo cuando comienza una tormenta, sabes rápidamente se termina.

A través de cualquier tiempo, sobreviviré.

Olas de la vida

Las olas de la vida tienen la capacidad de combate de rodillas. Es por ello que debemos aprender a nadar para evitar ahogarse cuando nuestro equilibrio se barre debajo de nosotros.

Lo interesante de la vida es que nunca lo viste venir. Lo que quiero decir es vida está ahí, pero sólo es transparente a un punto en cierto grado. El resto es una neblina brumosa y la niebla que se arrastra sobre ti y te sorprende cuando menos te lo esperas. Estas son las olas fuertes que tienen la capacidad de arrancar sus cimientos y desafiar a la base de su estabilidad general. En esos momentos, debes aprender a nadar en su propio tiempo al mismo tiempo evitar las corrientes que llevarlo más profundo a las olas de los océanos que te sumergen más profundo debajo del suelo de aguas saladas. Cuando aprendes a nadar, incluso cuando son noqueó a tus pies, no hay te preocupes porque sabes que tus brazos son lo suficientemente fuertes como para superar las olas de la vida. ¡ Nadar en y dejes que nada te detenga!

Sé cómo nadar.
Por eso nunca me verás ahogar!

Ladaro Pennix

Obstáculo

Cada gran obstáculo me ha retado a nunca renunciar a la vida. Llámame terco, pero ningún enemigo nunca afirmará tal victoria de causar que lo dejara solo porque ha complicado mi existencia.

Yo vengo de una larga serie de golpes que se negaron a aceptar una mentalidad derrotista.

Mi personalidad no ha sido siempre una favorable y así mi enemigo siempre ha sido muchos. Ha habido ocasiones cuando mi enemigo unió a lealtad con el otro que me saque de la imagen a través de un gran plan de estrategia. Suponiendo que a hacer historia en mi derrota, calcularon una cosa. No estoy conmovido por cualquiera de las payasadas pueden conjurar mis enemigos, y así el resultado final está aquí. Estoy más fuerte que nunca en mi decisión de permanecer siempre rebelde hacia cualquier enemigo que se atreva a prueba mi voluntad y espíritu tenaz y firme.

Mi mente es como una roca.
Mi corazón es de acero.
No hay ningún enemigo que me pueda romper.

Ladaro Pennix

Madres

Todas las madres son súper héroes. No puede ser capaces de saltar de edificios altos y volar, pero el sacrificio que hacen por sus hijos es superhéroe impresionante.

Las madres del mundo son maravillosas sensaciones que merece todos los elogios que ha adquirido un superhéroe. De hecho, todas las madres son superhéroes ellos mismos para criar a un niño a un adulto toma enormes habilidades sobrehumanas que sólo una madre podría poseer. Para que ellos no ser reconocido por su duro trabajo y piel dura sería un flaco favor a la humanidad como un todo. Las madres del mundo hacen todas las cosas que los padres no o no. Separan a su ego para que no se pone en el camino de criar a sus hijos debido a ello, son capaces de amarnos incondicionalmente sin condiciones o limitaciones. Las madres son las mejores. ¿No?

Yo exaltar a todas las madres con elogios porque son verdaderamente los superhéroes del mundo.

Ladaro Pennix

Balance

Al otro lado de la cordura es una locura.
Donde encuentra la línea de frontera antes de que
¿demasiado lejos en el extremo profundo?

Siempre estamos al borde de la locura. Lo único que nos mantiene cuerdo es el equilibrio en la cuerda floja que bordea los paradigmas dualistas de cada extremo polar. Si inclinan demasiado lejos a ambos lados, alterar el equilibrio y causar el positivo convertir en negativo, en tal caso, los extremos de las polaridades no equilibrio en la mezcla y te encuentras en la piscina de dos-tipos de demencia, "el uno es consciente de, y el que no estás". Por esta razón el equilibrio es imprescindible para que uno nunca cae demasiado en ambos extremos polares dualistas y se pierden en el proceso.

Mi balance es mi armonía. Mi armonía es equilibrio.

Ladaro Pennix

Críticos

No todos los críticos son parásitos.
Algunos son en realidad los maestros
ayudando a mejorar su potencial.

Aunque muchos críticos sólo criticarán para destruirte, no todos poseen ese ritual insidioso de alimentación otros miseria como un medio de algún auto satisfactorio exaltación de derribo a la próxima para que se sienta como algo de importancia. Hay realmente críticos por ahí que quieren verte hacerlo. Quieren verte en todo su esplendor. Así que te dan una opinión sincera para que pueden ver tus defectos y mejora tu juego para que su defecto se transforma en una fuerza que te lleva hacia mayores hazañas del logro. Aprender a diferenciar los dos así que puede ser receptivo a uno y hacer caso omiso de la otra.

Esto desafía tu potencial y enseñarte a estar en su mejor.

No tengo miedo de la crítica
Porque me enseña cómo mejorar en todo lo que hago.

Ladaro Pennix

Palabras

*Palabras pueden ser tan mortales como un arma.
Es el hombre detrás de las palabras, como es el hombre
detrás del arma que los hace muy peligrosos.*

Las palabras son tan peligrosas como las personas detrás de las palabras. Nadie puede lanzar dagas, pero hay gente que dispara balas con palabras hiriendo el corazón de ustedes y a veces matar a tu espíritu. Ese tipo de gente es peligroso para todo estudian por todas las razones equivocadas, así que se pueden articular de manera que asesine a la esencia de quién eres. Esta gente no debe dar una oreja también. Que hablen, y mientras hablaban, encontrará comodidad en ser increíble tal como eres. Es cuando les das importancia que usted es efectuado por las balas de sus palabras.

Mi paz es aún cuando otras palabras ya no me definen.

Ladaro Pennix

Respeto

Respeto llega muy lejos. Probarlo.

Vivimos en una sociedad grosera donde "I" y "yo" son las únicas dos cosas que son importantes para el individuo. Cortesía se ha vuelto obsoleta y en su lugar es la mentalidad de "Dame". Dame respeto. Tú me das esto y con "I" lo llevará porque "Yo" se lo merecen! Lo único "Que" merecen es una buena patada en el a posteriori por ser tan egoísta y mimada. No es malo para ser cortés. No cuesta para mostrar respeto a los demás. Respeto se perdió la forma. Mucha gente correlaciona respeto a ser débil o suave. Respeto no tiene nada que ver con la debilidad, sino todo lo relacionado con el ser humano y en posesión de los valores fundamentales de ser considerado. En ese, entendido que recibirá una reciprocidad genuino de la misma estima que replica al mundo.

"Yo" respeto y respetaré el "nosotros" de la sociedad.

Ladaro Pennix

Mi espíritu

Cuando mi espíritu se savia de motivación y la vida se vuelve intolerable, que reflexionar en todo lo que yo he vencido y sonrisa en cuánto de un trasero muy duro soy realmente.

No te equivoques, aquí estás respirando y viviendo por una razón. Piensa en todo lo que han sufrido; cada bloque del camino, cada experiencia dolorosa, cada vida alterando el momento en que te hirió en formas que nunca creyó posible. ¿No sobrevivió? ¿No viniste en el otro extremo más fuerte que has entrado? Eres irrompible porque te niegas a ser víctima de las circunstancias. Esto demuestra la audacia de su tenacidad y una fuerza innata que le llevará lejos. Cuando estás abajo, simplemente recordar todos los momentos que estabas peor apagado y cómo lo hizo a través de. Si eso no levantan el ánimo, no sé lo que hará.

Si tienes en mente lo sufrió ayer,
Sabes que tienes lo que se necesita
para superar los problemas de hoy.

Ladaro Pennix

Escuchando

Escucho para aprender.
Por eso he adoptado el arte de hablar menos.

Cuando no estás hablando, usted está escuchando. Cuando escuchas, aprendes hablando no es capaz de oír lo que dice y ganar una comprensión completa de lo que se expresa que la gente. Muchas de las personas cuando están comprometidos en el discurso, son también atraparon en su propio deseo de expresar sus opiniones (s) que ignoran la información beneficiosa compartida con ellos que podría posiblemente enseñarles algo. Un erudito anterior una vez dijo: "una boca estrecha no comer". Aunque es cierto, en algunos casos, cuando se trata de escuchar que no se aplica porque una boca estrecha alimenta la mente, especialmente cuando usted está abierto a escuchar lo que se dice a usted. Así que hablar menos y escuchar más. Podrías aprender algo

Hoy mi boca está cerrada
y mis oídos receptivos a escuchar.

Ladaro Pennix

Mi inteligencia

*Aunque yo soy inteligente, juego tonto mucho
con el fin de averiguar mucho.*

Mayoría de la gente cree que sea tan inteligente que soy estúpido. Esto es porque tanto se hace detrás de las escenas y porque yo no hablo de eso creen que la lana se tira sobre mis ojos. Hay un tiempo y un lugar para todo. A veces tienes que pasar por alto las oportunidades para abordar a sus adversarios con el fin de obtener mejores oportunidades vale la pena hablar. Como juego tonto, mucho es revelado por mi foe(s) es arrogante en sus planes y comenzar mostrando sus manos y permitir que sus lenguas huir de ellos. Creyendo que soy demasiado tonto para recoger sus sutiles dardos que lanzan en mi dirección, atraparlos, ponerlos en mi bolsillo y guardarlas para municiones para cuando es mi hora de brillar.

*¿Si un hombre juega tonto, es realmente tonto o es el
verdadero tontos los que creen que en realidad es?*

Ladaro Pennix

Un guerrero

No ser un guerrero en un silencioso ejército de tontos.

El peor error que puede cometer un guerrero es el cuidado de las opiniones de los necios. No puedes ser un guerrero entre un silencioso ejército de tontos. Sólo te hará mirar como un tonto. Un verdadero guerrero no necesita no demuestra nada a los tontos. Cualquier tonto puede hablar duro y difícil actuar, pero un guerrero es aquel que sabe quién está sin énfasis en el esfuerzo. En medio de un silencioso ejército de tontos, un guerrero debe humillarse para que no encuentra atrapado en el bombo de los tontos y en última instancia, una víctima de su propia estupidez.

Dejaré a los tontos sean tontos mientras toco mi parte en cerrar la puerta a ser yo mismo un tonto.

Ladaro Pennix

Sobre el autor

Ladaro J. Pennix, II, un nativo del sur de California se crió en Long Beach California. Estudia psicología y los negocios. A humanitaria en el fondo, su instinto básico es ayudar a la gente a través de la conciencia que promueve la auto-reforma.

Pennix ha escrito varios libros, tales como Carácter y Ética, Amor de la antorcha, Sugar para mis ediciones Granny, y pronto a venir, la novela de suspenso The Sway.

En la actualidad reside en el norte de California.

Ladaro Pennix

www.ingramcontent.com/pod-product-compliance
Lightning Source LLC
Chambersburg PA
CBHW071851020426
42331CB00007B/1959

* 9 7 8 0 6 9 2 2 6 5 1 7 8 *